LA SOCIÉTÉ
A L'ÉTAT DE PAIX.

> Ici, je ferai ma profession de foi : je
> suis loin d'être l'apôtre de ce grand mot de
> la liberté politique ; ma seule idole, j'es-
> père, sera toujours l'humanité.
>
> Si la liberté politique manque à la ser-
> vir, ce n'est plus que le hochet de la va-
> nité. (*Écrit de 1790.*)
>
> Les desseins d'un *conservative* raison-
> nable, doivent être maintenant infiniment
> humbles : c'est-à-dire, de sauver la monar-
> chie, s'il se peut ; et en tout cas, de sauver
> la société. (*The Standard*, 22 déc. 1832.)

PARIS,

A. PIHAN DE LA FOREST, IMPRIMEUR,

RUE DES NOYERS, Nº 37.

—

1833.

Devançons l'avenir. Voilà qu'elle est consommée, la ruine de ce qui existait, qu'elle est close à jamais, l'ère sous laquelle tout durait encore.

Et sur l'instant, c'est un autre cycle qui s'ouvre, dévoué d'avance à la même fin : c'est un ordre nouveau qui surgit à travers le chaos, se construit de débris, s'érige et persiste jusqu'au terme qui lui fut assigné aussi.

Qu'on agisse ou qu'on n'agisse pas, qu'on agisse bien ou mal : de même, les destins s'accompliront ; de même, éclatera un jour ou l'autre la conflagration universelle, la dissolution pleine et entière, la catastrophe suprême.

Nos enfans vivront encore, nos petits-enfans du moins : partant la meilleure partie, la presque totalité de nous-mêmes.

N'y a-t-il pas de quoi nous relever l'esprit, nous raviver l'ame, nous pousser à suivre enfin des erremens propices ?

Il y eut une révolution, affreuse, désastreuse, calamiteuse ; de bien loin amenée, obligée, et dans le temps, irritée, envenimée, par les travers de l'esprit, par les vices du cœur, par les péchés de commission ou d'omission.

Or ce qu'ont fait nos pères, il ne faut pas le faire. Furent-ils avides et ambitieux ? ne le soyons pas. Furent-ils orgueilleux et hautains ? ne le soyons pas. Furent-ils intrigans et flatteurs ? ne le soyons pas.

En un mot, n'y avait-il jadis que de l'égoïsme ? maintenant, qu'il n'y en ait plus du tout. (*De la Septennalité* : 1824.)

Noble race, fille des Gaules et mère de la France, dont la couronne ne fut pas entachée, et seulement fut brisée par le fait de soi-disans amis.

Noble race, tu leur pardonnes, de même qu'à tes ennemis, à l'exemple du martyr de bonté, du héros de vertu.

Tu pardonnes à ceux qui se rendirent coupables, d'avoir exposé le trône aux haines, et excité contre le trône, les violences; d'avoir écrasé le trône, sous le poids de leurs vaines et avides prétentions.

Mais tu ne pardonnes pas à ceux, les mêmes justement, qui se rendent criminels à ce point, de saper les bases, et trancher les liens de l'ordre social; dans cette vue à la fois fausse en droit et en fait, de parvenir à travers le chaos, à la restauration du trône, de nouveau consacré à leur égoïste culte.

En ton sein, noble race : et le jugement prononcé, qu'une société ainsi poussée au terme final de la dissolution, jamais n'est ralliée qu'aux nœuds de la chaîne, jamais ne se raffermit qu'à coups de sabre.

Et le sentiment se refuse à racheter une couronne encore intacte de souillure, au prix de tant d'horreurs et de désastres, qui accompagnent une crise de telle sorte.

Noble race, ton accueil généreux est plutôt acquis, à ces tous autres êtres : dont l'ame en proie aux douleurs et point au remords, gardant la faculté de voir et la puissance de sentir; se dit au for intérieur, qu'en l'ignorance des décrets d'en haut, le devoir est d'arrêter le cours du mal sur sa pente rapide, et non de prétendre à relever, à fonder le bien en haut lieu :

Dont le sens se dit aussi , qu'il se pourrait par quelque miracle providentiel , ou même par quelque chance accidentelle, que l'édifice social resté debout , se revît couronné de son antique faîte ; mais qu'il ne se peut que la clef de la voûte vienne se replacer , au milieu de cet amas de ruines, parmi cette poussière de débris.

Noble race , si la France n'est plus à toi, encore tu es à la France.

C'est te servir que servir la France ; c'est peut-être te sauver , que sauver la France.

Ainsi l'appel est sonné : de la part de la société , en tout cas , puissance prééminente , prédominante : « Car des « siècles se sont écoulés , avant ou sans qu'il y eût des « rois : et nul ne peut dire, le lieu , le temps , où l'ins- « tinct d'humanité, le sentiment de moralité, n'aient pas « existé. » (*Politique royaliste* : 1827.)

De la part de la royauté , pouvoir secondaire , et de date , et de sorte : « Tellement que la légitimité du trône, « de nature si délicate, n'est en force de braver les tem- « pêtes, qu'en s'implantant et s'enracinant au sein de ces « légitimités primordiales , des légitimités de fond. » (*Idem.*)

Mais qui donc , parmi les hommes de talent et de renom, de naissance et de fortune , irait hésiter à se consacrer, à se dévouer à l'œuvre : au moyen de laquelle , il naît des chances pour que la société soit sauvée : à défaut de laquelle , il est hors de doute que leur existence est perdue?

Qui donc, entre les hommes de bien et de sens , de cœur et de tête , viendrait renier, qu'en l'état présent des choses, l'influence, l'ascendant, sont réservés aux feuilles périodiques ?

Qui donc, chez les uns et les autres, manquerait à voir que le nom de journal, maintenant diffamé, à cause du caractère des gens qui en font emploi à leur profit, serait alors honoré, en raison du mérite des personnes qui en feraient usage pour le bien commun ?

D'abord, il y aurait à balayer de l'arène politique, ces lâches feuilles, qui font de l'ordre public, de la paix publique, *métier et marchandise*; qui, sans vergogne aucune, immolent l'intérêt du pays à l'esprit de parti, et délaissent l'esprit de parti devant l'attrait du lucre; qui, en un mot, mènent leur affaire, à l'instar des Reîtres du moyen âge, toujours prêts à se louer corps et ame, sur la promesse d'un riche butin.

Il y aurait à foudroyer, à pulvériser ces feuilles perfides, qui, d'autant qu'elles n'ont aucune foi en leurs propres paroles, se comportent de façon à abolir toutes les chances laissées à la royauté, et de même, à démolir tous les remparts restés à la société.

Un simple mot frappe l'une et l'expulse de la scène : alors que le fatal fruit de ses œuvres étant venu à la lumière; la réprobation l'atteint, pour la grande part dont elle fut, et dans le voyage de la princesse, et dans la levée de la Vendée.

Quelques courts extraits, achèvent l'autre et l'écrasent sur place : alors que s'affichent en ses colonnes, l'arrogance, l'impudence, à l'égard de tout ce qui fut sacré jadis, et plus que jamais est sacré pour l'ame.

« Peu importe ce qui se passe autour de Charles X et de son fils....... il ne faut pas s'inquiéter de tout ce qu'on aurait pu faire à Prague. » (3 *octobre* 1833.)

Et vraiment, à part les friperies de l'autre siècle, les niaiseries de vieille femme, les singeries de l'âge imberbe;

soit que l'effroi s'accroissant amolisse les têtes, soit que le temps s'avançant propage les idées ; un nombre, un choix, d'adhérens, se rencontre, n'attendant plus que la voix puissante pour rentrer dans les droits sentiers.

Vraiment, il commence à percer à travers les lugubres ténèbres, quelque symptôme précurseur, quelque signe avant-coureur de la révolution morale; qui seule est en droit, en état d'enrayer le cours des révolutions politiques.

Même il y a à s'en étonner, quand la langue, la plume, semant les scrupules et les menaces, répandant les mensonges et les espérances, prodiguant les flatteries et les calomnies, n'ont d'autre charge, ce semble, que d'y mettre opposition.

La langue, la plume sont coupables sans doute, sont excusables aussi : étant soufflées par la passion, qui hébète l'esprit, qui étouffe l'ame.

Le silence est bien autrement entaché de crime et dépourvu d'excuse : s'obstinant en dépit de la conscience, qui discerne le bien et le mal, qui possède le libre arbitre.

Au sujet des crises révolutionnaires depuis un demi-siècle, au lieu d'accuser surtout l'action, il y a plutôt à blâmer l'inaction; laquelle en vint à tel point, que sous la terreur, un centième de la France, tenait à la chaîne, poussait sous la hache, l'immense majorité.

Or qui peut se promettre que la même cause n'aboutisse au même effet? Qui peut se plaindre, si le même tort était suivi de la même peine ?

Vienne donc quelque journal de race pure et de chaste vie; quelque journal droit de cœur et d'esprit, loyal en récits et simple en discours.

Quelque journal jeune d'âge, quitte du passé, libre au présent, fort de l'avenir; qui soit doué de ces trois dons :

de savoir ce qui fut, de voir ce qui est, de prévoir ce qui sera.

Et que ce journal prenne en tout point, le juste contre-pied des feuilles courantes.

Qu'il se montre à la fois, attachant pour l'âme, puissant de raison, piquant en ironie.

Qu'il expose les choses avec toute sincérité, toute impartialité ; et juge les hommes sans prévention, sans prédilection.

Qu'il ne se crée pas des principes absolus, faculté réservée à l'Éternel.

Qu'il admette, toutefois sans l'accueillir, la puissance du fait, condition imposée à la terre.

Qu'il rappelle le passé, non pour déterrer des regrets et ressusciter des vœux ; mais pour le voir se réfléter, pour l'entendre résonner, au champ de l'avenir.

Qu'il commence l'avenir, non en se dépouillant complètement du passé, non en se détachant violemment du présent ; mais bien en le raccordant au passé, en le fondant sur le présent.

En somme, qu'il poursuive la ligne du juste sous les limites du possible ; et se confine à trier le bien du mal, à tourner le mal en bien.

De plus, que ce journal se fasse humain.

Qu'il élève enfin la bannière légitime, douée de prévaloir sur toute autre :

La bannière appelée à rallier tout ce qui porte ame et garde sens :

La bannière prédestinée à garantir le triomphe, à quiconque lui est fidèle.

Qu'il abandonne à la justice peu lointaine du mépris et du dégoût :

Tel journal à beaux deniers comptants, qui ne voit et ne sent que par les yeux de la cassette ;

Tel journal de bel esprit, qui traite à la romantique, les questions de mort et de deuil, de honte et de crime ;

Tels journaux qui affichent au plus haut, *liberté, égalité* : en façon d'enseignes, aux tripots de l'intrigue.

Qu'il ramène à la vérité des choses, les feuilles, s'il en est, encore passibles de conviction.

Les unes qui, rêvant la restauration de l'humanité, risquent de l'ensevelir dans un abîme de sang;

Les autres qui, rêvant la restauration de la royauté, obtiennent de l'enfermer au donjon de l'exil.

Qu'il donne aux cliens, aux adhérens de celles-ci, ces deux hautes et finales leçons :

La leçon de remords : en ce que le trône tutélaire a été compromis et perdu, par le fait des passions avides, hautaines, ambitieuses.

La leçon de raison : en ce que le trône ne rencontre aucune espérance de rétablissement, qu'à l'aide, qu'à l'appel des actes les plus éminens, les plus décisifs, en point de délicatesse et de générosité.

Qu'il dise d'accomplir les obligations de citoyen, à part des prescriptions de sujet; de servir le pays, sans s'asservir au prince.

Qu'ils dise de requérir fortement l'équitable répartition des charges, d'insister constamment sur la bénigne modification des rapports.

Car enfin, le retour de la royauté ne rentre au rang des possibilités, qu'autant que seront anéanties les causes instantes de sa ruine.

Car surtout, le maintien de la société ne reprend quelque chance de probabilité, qu'en tant que seront cautérisées les plaies menant à sa perte.

Le National du 19 octobre rapporte un fait qui vient en preuve de la nécessité d'une feuille consacrée à protéger l'homme contre les gouvernemens, et à préserver ainsi l'État, des révolutions.

Un journal ministériel s'exprime ainsi :

« Dans le département de la Haute-Saône, depuis plusieurs années, le préfet a pris des arrêtés qui portent prohibition de construire ou de réparer les couvertures des maisons ou des granges autrement qu'en tuiles, laves et autres matériaux incombustibles. Cette mesure si prudente, si nécessaire, surtout lorsque les maisons sont contiguës ou agglomérées, avait donné lieu à de vives réclamations de la part des habitans d'un assez grand nombre de communes. M. le ministre du commerce et des travaux publics vient de rejeter ces réclamations, et, par une lettre du 17 septembre, de recommander au préfet la sévère exécution de son arrêté du 31 décembre 1832, confirmatif de ceux de ses prédécesseurs. « Bien que dans certains cas, dit le ministre, « l'initiative de prescrire des mesures *réglementaires* en matière « de police municipale, appartienne exclusivement aux maires, « les préfets peuvent néanmoins, d'après la loi de janvier 1790, « et la jurisprudence de la cour de cassation, exercer le même « droit, attendu que ces magistrats sont également chargés de veil- « ler au maintien de l'ordre et de la sûreté publique. D'ailleurs, les « prohibitions sont *légales*, puisqu'elles avaient été prononcées « par des arrêts du parlement de Besançon, maintenus en vi- « gueur par la loi du 22 juillet 1791. »

Voici bien un de ces décrets qui ne coûtent rien aux employés d'une administration bien logée, bien chauffée, bien payée, qui voit la France par les fenêtres d'un somptueux hôtel, et juge de toutes choses par ce qu'elle a sous les yeux. On décrète que les maisons de nos villages seront désormais couvertes en tuiles et en ardoises : que ne décrète-t-on également qu'elles seront bâties en pierres de taille et commodément situées ? cela ne serait pas plus difficile à exécuter sur le papier.

Tout s'en va : rien ne revient.

L'instinct et la routine, guides naturels de l'homme, sont étouffés ou brisés, l'un par la fougue des passions, l'autre par la rupture des relations.

Esprit public, principes moraux, sentimens humains, habitudes de famille, respect de l'autorité, etc....

Juste emploi des sens, droit usage des facultés, réveil de la mémoire, examen de l'esprit, arrêt de la raison, etc...

Tout court se jeter, s'enfouir à jamais dans l'abîme sans fond, sans bords.

Eh! qui le sait mieux : il faudrait une autre plume, une ame pareille.

Cela n'étant pas, la tâche mille fois plus pénible, mille fois moins chanceuse, est imposée.

Qu'on lise donc : ou plutôt qu'on voie, qu'on sente par soi-même.

Qu'est-ce que cette tourbe, dite une nation ? où nul n'a l'idée même de patrie, sauf à l'égard de l'étranger ; où chacun va droit à son affaire, sans souci du salut de la société ; où tous haineux, envieux, ambitieux, se battent au mépris de la foudre.

Où surtout, la sorte d'hommes doués de vertu,

nourrie de lumière, investie d'une existence rele-
vée, non sans être saisie d'effroi, n'y répond
que par l'inertie; et croise les bras, peut-être
lève les mains au ciel, presque baisse la tête sous
le coup menaçant :

Ceux-ci étant frappés de ce formidable présage,
fort approchant de la vérité des choses ; que la
puissance humaine et moins encore leur frêle
puissance, n'est capable d'élever une digue au-
devant du torrent des temps, qui lancé dès l'origine du monde, va le dévastant en son cours, et
s'engouffrant enfin avec lui.

Ceux-là étant comme possédés de quelque maî-
tresse idée, parfois sublime, et même trop sublime, en ce qu'elle se détache tout-à-fait des misérables événemens d'ici-bas : lesquels dans leur
extase, ne savent faire aucune différence entre le
moins et le plus mal, et laissent volontiers le mal
se rendre au terme de sa perfection, dans l'espérance d'opérer alors une métamorphose radicale.

Cependant, à l'abri de cette folle abdication,
l'empire est dévolu de plein droit, par leur grace,
au mensonge, dont l'exercice opéré sans contrôle,
sans mesure, en vient à ce point : que les lecteurs
ou auditeurs ignorent ce qu'il faut croire, parmi
les versions opposées, après les contradictions
réitérées; et même, à bout de compte, ignorent
sur tel et tel sujet, s'ils croient ou ne croient pas.

Et que les auteurs ou orateurs, troublés et déroutés, moins en raison des faussetés répandues d'autre part, que de celles propagées de leur façon, perdent d'abord la conscience, puis la connaissance des caractères propres à faire discerner la vérité ; et par suite se trompent eux-mêmes, encore plus qu'ils ne trompent les autres.

D'un bord, comment est donc entendue la religion du Christ, la religion de l'Église primitive ; dont en des temps voisins, on tentait d'élever les autels au-dessus du trône, d'apposer le sceau aux actes politiques, d'ériger le culte en loi de l'État ;

Qu'en ces temps, après que les attentes ont été déchues, après que les tentatives ont perdu, on s'efforce de soustraire à l'empire du fait, de revêtir des armes de l'injure et de l'outrage, de couvrir de l'égide des menaces du ciel, trop vaines à présent.

Du bord adverse, comment entend-on l'existence d'une société, d'une nation, qui pour la première fois, pour la seule fois sans doute, y compris les peuples sauvages, serait privée de doctrines et d'habitudes tendant à inspirer les bons sentimens, à réprimer les mauvais penchans.

Et cela, alors que la population aux neuf dixièmes, rongée de misère, épuisée de fatigue, dénuée de tout espoir, croupit dans l'ignorance, dans l'hébétement ;

Cela, alors que des révolutions redoublées, où *per fas et nefas*, les uns et les autres se sont échappés de la fange et installés au faîte, viennent donner l'exemple du succès, ouvrir les voies, apprendre les forces, autoriser les actes.

Partout, c'est même faute, même crime : et dans le parti dominant qui ne s'est aperçu qu'après coup, qu'en tuant l'autorité pour renverser le pouvoir ennemi, l'autorité ne renaîtrait pas à point, pour soutenir son propre pouvoir ; et dans les partis assaillans, qui aussi ne prévoient pas à l'avance que la même conduite entraînerait pour eux, si le succès leur advenait, des suites encore plus funestes.

Tellement qu'à cette triste heure, quel que fût le pouvoir, bien loin qu'en raison de sa nature, même la plus légitime, il ait de justes espoirs de rappeler, de se rattacher l'autorité expulsée du sol ; ce sera plutôt, d'autant qu'il succède à mainte et mainte révolution, qu'il aura moins de chances sortables de réussir en cette œuvre.

Tellement, sauf le changement presque miraculeux des cœurs et des têtes, que tout pouvoir est apte à supplanter le précédent, que nul pouvoir n'est capable de se garantir contre la revanche bien naturelle : et qu'à voir de haut, à voir au loin, en dépit de tel et tel droit, prôné de part et d'autre, au titre irréfragable d'absolu, il apparaît que la société ne rentrera en repos, ne reprendra l'aplomb, que sous le poids du sceptre d'airain.

De plus, par l'effet inévitable de ces luttes, de ces crises, de ces phases de l'ordre social ; comme chaque être veut à sa propre idée et agit de sa force personnelle ; comme l'âge avancé, et même l'âge mûr se retirent de la mêlée, laissent passer les armes à d'autres : naturellement, les jeunes gens se font hommes avant le temps, se font libres vis-à-vis de leurs parens ; et maîtres jusqu'à leurs enfans.

D'où la famille voit rompre ses liens, jusque-là trop serrés peut-être par la loi, mais le plus souvent relâchés par l'amour : fait inouï et inconnu encore ; dont la première conséquence, est qu'ainsi dégagé de l'autorité naturelle, on se délivre *a fortiori* de toute autorité religieuse et politique :

Dont la seconde conséquence, est que chaque génération, à la période de cinq années, s'indigne du joug, et s'insurge dans le sens d'idées de plus en plus avancées, suivant l'argot banal ; bientôt avancées par-delà les limites du sol social, avancées jusqu'aux pentes de l'abîme qui le borne.

Voilà l'état des têtes, telles que les font les ré-volutions : et voici l'état des choses, telles qu'elles sont faites par les révolutions.

Étant données , les têtes, les choses sont con-nues.

En premier lieu, oubli parfait, mépris complet de l'homme ; qui contrastent dans la cause, qui concordent quant à l'effet.

Au dedans, au dehors, nul cas de la vie hu-maine : soit qu'il y ait à lui ravir les moyens de conservation , soit qu'on en vienne à la lancer sur les voies de destruction.

Ici, instrument de guerre ; et là, outil de ri-chesse : c'est sous ces seuls points de vue, que l'État parlant par ses prête - noms , considère l'homme, corps et ame y compris.

C'est que les révolutions vont toujours au dé-triment de l'humanité représentée par la popula-tion presque totale.

En France avant 1789, en Europe d'année en année , une amélioration très lente sans doute, s'opérait en faveur des classes misérables, tant par les mœurs que par les lois.

Et un ralentissement fort sensible était marqué

dans l'alternative accoutumée des guerres, à raison des mœurs aussi et des rapports en outre.

La route était ouverte : la fin était aperçue.

Arrive la révolution de 1789 : et malgré que les charges fiscales soient abolies presqu'en entier, bientôt les pertes et les désastres viennent dépasser le bienfait.

Ne parlons pas de l'empire; bien qu'étant l'appendice inévitable de la révolution, il devrait lui être imputé, avec son immense consommation en hommes, en écus.

Laissons aussi la restauration !!!...

Survient la révolution de 1830, installant au faîte, enrôlant à titre d'élite, une classe nombreuse, inférieure; qu'enivre la coupe du pouvoir, dès la première gorgée, et qui aspire à se détacher de la masse, par cela même qu'elle en est rapprochée.

Il faut l'éclairer plutôt que l'accuser : les diverses sphères du monde social étant attirées ou repoussées par des forces à peu près irrésistibles.

Même, quel que soit l'oubli ou le mépris de l'homme, au dedans en fait de taxes, au dehors en fait de guerres, il y a à craindre plutôt qu'à espérer de son expulsion du pouvoir.

Attendu que, suivant la loi de ces forces, d'autant la classe supplantante serait nombreuse et inférieure, d'autant elle s'enivrerait à la coupe, d'autant elle aspirerait à se détacher.

Et que sous un rapport indéfiniment progressif,

les résistances amenées au dedans, annoncées au dehors, nécessiteraient de plus en plus la dépense en hommes, en écus, à prélever sur la masse inerte et passive.

En telle façon, que lors de la crise accomplie sous le titre de république, cette dépense serait moins prolongée sans doute, mais serait plus intense au moment, que celle de l'empire même.

Ce qui mène à cette haute leçon, qu'en politique, le bien ne s'opère qu'à l'aide du temps; et que le plus souvent, en proportion du prétendu progrès dans la forme, il s'ensuit une marche rétrograde quant au fond.

Déja, bien que le cours des choses soit encore à distance du formidable terme de la république, on ne saurait dire à quel point extrême, l'homme, cet atome, cette molécule, s'il plaît mieux; dont le nombre chiffré en millions, compose ou forme l'agrégation sociale, l'association nationale, tombe tantôt en proie à l'avidité, tantôt en victime à la vanité.

Les actes de son martyre, sont à diviser, à distinguer, sous les trois rapports : de l'Etat envers les citoyens, des citoyens avec les citoyens, des Etats vis-à-vis les Etats: autrement sous les rapports économique, politique, diplomatique.

Sans s'étendre quant au rapport politique, il suffit de dire que de tout temps, en tout lieu, les lois dites civiles, sont faites pour ceux par qui elles sont faites : ici prodiguant les faveurs et là amoncelant les rigueurs.

2

Et que de nos jours, après tant de révolutions; d'une part les ames étant blâsées et les caractères altérés, d'autre part les fortunes se déplaçant et les classes se supplantant; c'est à peine si l'effet des lois pourtant iniques et onéreuses, marque auprès de l'effet des mœurs maintenant dégénérées, dénaturées.

Seulement, qu'on prenne la peine de jeter un coup d'œil furtif, du fond de la chaise de poste, sur la maigre face, et le teint have, et le front chauve, et le dos courbé, et les jambes raidies, et les bras tordus de la population agricole et industrielle : signes évidens de l'oppression permanente; présages certains de l'insurrection imminente.

En somme, les mœurs que dépravent les révolutions, et les lois qui trahissent les révolutions, concourant et concordant en merveilleuse façon, ont fait qu'en tout lieu, en tout état, le manœuvre, le *porte travail* est crevé de fatigues, est obéré de besoins, et gémit au présent, frémit de l'avenir.

Soit ostensiblement, dans les manufactures, qui d'abord, au moyen des mécaniques, s'élèvent sur les ruines de la fabrique de campagne et de chambre; qui ensuite, à l'aide de la vacance de travail pour tant de bras, exagèrent la tâche, rognent le salaire.

Soit obscurément, dans la culture des terres : où tantôt le fermier est mis dehors au premier retard de paiement, sans qu'il y ait de sa faute, quand il aurait bientôt à s'acquitter.

Et tantôt le laboureur est loué au plus vil prix, est renvoyé dans la morte saison, est abandonné en l'état de maladie.

Et tantôt le paysan propriétaire, est délaissé ou plutôt livré comme en proie, à la gent fiscale, toujours rigide en ses actes, souvent perfide en ses comptes ; puis à l'espèce, *mi-bourgeois*, *mi-manant*, gens de robe noire ou de petite bourse ; sans cesse abusant des simples, écrasant les faibles, divisant les familles, détruisant les habitudes.

État de choses moralement hideux, politiquement fatal : dont le pouvoir est presque impuissant à faire rebrousser la marche, est à peine capable d'arrêter les progrès accélérés.

État de choses qui rappelle à la mémoire cette maxime de *Pope* : laissons les fous disputer sur les les formes de gouvernement ; celui qui est le mieux administré est le meilleur.

Quant au rapport économique, il faudrait répé-
ter, ou plutôt résumer de nombreux écrits, d'a-
bord à la date de 1790, ensuite pendant 1814 et
1815, enfin depuis l'époque de 1824 : tous émanés
du même sentiment, et dirigés dans la même vue,
vers la même fin : L'HUMANITÉ.

Ici, comme à peu près partout, en point de
mal, on fait ce qu'on veut; en fait de bien, on fait
ce qu'on ne veut pas : par la raison que l'avidité
marche droit au fond; tandis que la vanité s'ar-
rête à la forme, à l'apparence.

Et dans le siècle où nous sommes, encore les
fins sont parfois diamétralement contrastantes,
comme le bien et le mal : mais le plus souvent,
et les mobiles, et les voies restent tout-à-fait ana-
logues :

En telle sorte que d'un bord, les choses ne tou-
chant pas à l'ame et étant traitées par la tête seule,
le mal se fait bien :

Que de l'autre, les choses ressortant de l'ame
et ne s'opérant que par la tête, le bien se fait mal.

Sous l'enseigne, sous l'intitulé du bien géné-
ral, du bien commun, la vanité alliée de haine
et d'envie, fait son affaire à l'un et l'autre titre.

Tantôt, l'esprit de singerie, à l'imitation de

l'Angleterre dont les données et les ressources diffèrent fort, convoitant par-dessus tout le commerce étranger, favorise le monopole de l'industrie, écrase la petite fabrique.

De même, il appelle le coton exotique à peu près libre de droit, à fournir une surabondante matière à l'industrie, faisant rentrer en terre ou perdre sur pied la pousse du lin et de la laine indigènes, au détriment de la petite culture.

En l'un et l'autre cas, sans se douter ou se soucier de mériter l'application de cet anathème du *Times* au sujet de *la ruine* de la petite culture : *It has destroyed our people.*

Cet esprit aussi, toujours dans la fausse supposition de pareilles circonstances, pousse à couper et déchirer le sol de la France, par maints et maints canaux ; ceux de Bretagne n'ayant rien du tout à transporter, et ceux de Bourgogne ayant peu à se partager : dont la dépense nécessite à bout de compte, un tribut de vingt à vingt-cinq millions à percevoir sur les trois quarts de la population tout-à-fait désintéressés.

Il pousse à couper encore, à sillonner le sol par mille chemins de fer, à peine utiles à de courtes distances, entre de riches marchés, comme en Angleterre ; dont les frais se résoudront en un impôt montant à même somme peut-être, et payable par la même catégorie.

Tantôt, l'esprit de malignité plutôt que de compatissance, se targue de mettre un terme au monopole dit intolérable de l'aliment végétal et animal, exercé par les propriétaires et cultivateurs ; lequel serait organisé en une manière bien large, suivant ce qui est rapporté que ces deux classes comprennent les trois quarts de la France aussi.

Pauvre esprit, étrangement aveuglé dans la vue de malignité, auquel il n'apparaît pas que la libre entrée n'amènerait jamais au-delà du cinquantième des besoins en blés et en bestiaux ; devant ainsi faire fléchir les prix, sauf encore la diminution de culture, seulement en une pareille proportion, c'est-à-dire d'un centime par livre de viande et d'un cinquième de centime par livre de pain.

Pauvre esprit, également aveuglé dans la vue de compatissance, par lequel il n'est pas aperçu que le peuple en immense majorité, sinon attaché à la glèbe par la violence, est du moins enchaîné et rivé sur le sol par la nécessité ; et que vivant, sous le rayon de son clocher, comme l'huître sur le roc des bas-fonds, par la voie d'enfantement de produit ou d'échangement de travail : en rien ne lui importe le haut ou le bas prix du marché.

Après cette légère ébauche de la manière dont le bien se fait mal, vient une faible esquisse de la manière dont le mal se fait bien.

En ce lieu, l'avidité règne, l'avidité pure et simple, exempte d'alliage et de mélange, et s'es-

sayant à voiler ses honteuses nudités, sous le man-
teau de l'ordre public, de la richesse publique.

Il s'agit du subside, de la subvention, de la
contribution, seules expressions vraies, dont le
nom rend à la fois le principe et le titre, le caractère et le mode ; si bien qu'ayant à se com-
porter en la façon la plus contraire au sens natu-
rel, il a fallu de nécessité lui substituer le mot
d'impôt, de taxe, dont l'acception est toute op-
posée.

Le sujet, le serf, l'ilote est imposé, est taxé : et
le citoyen subvient, contribue.

De même en les deux cas, l'Etat est entretenu :
mais là, par l'ordre arbitraire du chef quelcon-
que, qui absorbe et confine l'Etat en son être
seul ; mais ici, par l'acte volontaire des mem-
bres, dont chacun fait partie de l'Etat, qui tous
font l'ensemble de l'Etat.

Le faux mot au lieu du vrai nom, dit tout.

L'Etat incarné en telle ou telle classe exclusive,
impose et taxe à son plaisir, en son honneur et
gloire, la masse isolée et scindée de l'Etat, dont
la charge lui vient en décharge.

Là, la classe suprême, installée comme à titre
de droit divin, investie de la prérogative absolue,
exemptée à la fois des sévices du sort et de la loi,
vit en paix, jouit à l'aise, et de plus règne.

Ici, la masse infime, entendue dans le sens
diamétralement opposé, reconnue *taillable et cor-
véable à merci*, dévouée aux chances les plus

cruelles par la nature et par le fisc plus encore, ne vit qu'à peine, ne jouit en rien, et seulement obéit.

Tel est l'excès de l'infatuation, qu'on omet de voir, que cette masse, simple machine de travail, pur instrument de produit, appauvrie de régime, affaiblie de santé, abrutie d'esprit, avilie d'ame, de plus en plus fléchit en travail et faillit en produit.

Il faut que la vanité, s'enivrant de l'attrait du commandement et de l'asservissement de ses semblables, intervienne en forte dose : car on agit tout autrement en fait des chevaux et des bœufs, même en fait des esclaves, de même machines de travail, instrumens de produit.

Encore l'espèce bestiale ne se révolte pas contre son maître, sauf à l'occasion de quelques coups de fouet : au lieu que la race *bestialisée*, dont la force superlative ne manque que d'un rayon de lumière et d'un point de ralliement, est appelée tôt ou tard à se faire justice, à faire justice.

Comment la cupidité est-elle mariée à la stupidité, au point de ne pas entendre, que d'après le cours des ans, d'après la marche des faits, le monde va droit à une rénovation radicale dans l'ordre et le mode de la propriété.

Dès long-temps, les économistes brûlent leur chandelle de grenier, à s'éclairer sur la création des richesses : au premier jour, les révolutionnaires, las de n'y voir goutte, s'en vont trancher et ouvrir la matrice sociale, où s'opère le travail; fort ébahis, ainsi que le maître de la poule aux œufs d'or, de ne rencontrer qu'une poche désormais stérile.

Certes, ni peine et soin, ni talent et génie, ne feront rebrousser dans la nuit du passé, les funestes présages de l'avenir.

Le monde a vécu : il a vécu d'une vie marquée à terme fixe, rendue au terme final.

Il mourra comme le phénix, pour ressusciter, mais sous une toute autre forme.

Or vous, en qui est accomplie cette sorte de sinistre hymen de l'insanité et de l'inhumanité, quand donc verrez-vous, si vous ne sentez rien, que la richesse, la propriété ont à se rédimer du péché originel, à se racheter pour un certain laps de temps.

Eh! grands dieux, hâtez-vous plutôt, versez à pleines mains le montant du prix de rachat; payez et payez au plus vite la prime d'assurance de vos fortunes, de vos têtes aussi.

Ainsi, et non autrement, vous obtiendrez quelqu'ajournement, quelqu'adoucissement, à l'époque et au mode du terrible passage, du formidable saut, de ce qui est, à ce qui sera.

Sans nombre et sans terme, à l'image des incarnations de Brahma et Wishnou, en tel et tel être ; se succèdent les incarnations de l'État, en telle et telle classe ou caste.

Jusqu'à cette heure, les révolutions n'ont été autres que ces incarnations de l'État, ayant pour toute différence avec celles des dieux de l'Inde, que si quelque frêle hasard préside à leur conception, rien moins que le travail le plus laborieux, doit les porter à terme, les mener à bien.

Nulle révolution ne manque de ces accompagnemens obligés : guerre au dedans, en paroles du moins ; guerre au dehors, du moins par notes.

D'où advient la peur, de droite et de gauche, en avant et en arrière ; la peur trop naturelle à qui fit un mauvais coup ; plus naturelle encore à qui ne savait, ne voulait ce qu'il faisait.

Et de plus, la caste en laquelle s'est incarnée la révolution, par laquelle est aspirée, est absorbée la souveraineté, qui vient de s'abandonner aux instigations du lucre, va se laisser prendre aux suggestions de la gloriole.

Notez que cette classe est petite en nombre et grande en lumière, est surtout intime en alliance ; et qu'elle forme à elle seule, dès lors que la vraie,

la réelle nation est mise hors de cause, une nation fictive, apparente.

Notez que de son sein émane une chambre,
que cette chambre est forte de l'assentiment des
colléges souverains, est pleine du sentiment de sa
toute puissance ; et que toute chambre fait corps,
prend l'esprit de corps, s'anime de la passion de
chaque membre, s'esquive à la parole du dehors,
à la leçon des temps : en telle sorte, qu'il n'y perce
aucune pointe de doute et qu'aucun trait de blâme
ne l'atteint.

Dans l'homme, c'est à grand'peine si la raison
se débat contre la passion ; dans une assemblée,
la passion se joue à plaisir de la raison.

Or, l'assemblée représentative constitue un
outil de gouvernement, un levier de puissance,
dont la force matérielle qui en résulte, est justement en proportion de la faiblesse intellectuelle
qui en dispose.

Quelle que soit son origine, elle pense et sent,
elle veut et agit, comme au nom, au titre de la
nation même : et chaque citoyen, même exclu
d'y coopérer, devant la loi qui en émane, cède au
prestige ou se soumet à l'empire.

Va donc pour la gloriole ! dont le coût fort
lourd sans doute, pèse à peine sur la classe ré-
gnante, étant infligé le plus partialement sur la
masse sujette ; dont le reflet si brillant ce semble,
s'éteignant à quelque distance, n'illumine que la
caste guindée au faîte.

Va donc pour l'honneur de l'État, pour le renom du pays : expressions tellement élastiques,
qu'au hasard ou au caprice, il en surgit, tantôt
l'invasion de l'Afrique, en acquit d'un coup d'é-
ventail reçu par le plus impertinent consul; tantôt, l'irruption en Italie, en balance du secours
accordé au pape par l'empereur d'Autriche.

Encore, aux temps surannés de la royauté, le
quai de la Féraille à Paris et autres lieux, four-
nissait au boulet et à la balle plus sobres alors,
une pâture dûment conditionnée pour tel office,
et composée d'ingrédiens tels, que leur soustrac-
tion n'opérait point de vide, que leur destruction
n'apportait point de deuil.

Vient la convention : et tout change, en France
par inspiration, en Europe par imitation.

Marche à la mort, quiconque est posé sur des
jambes, est armé de bras, et dépasse la mesure.

N'importe qu'il ne soit appelé ni disposé à l'exercice de la souveraineté !

N'importe qu'il n'ait rien à prétendre, ni même
à comprendre en fait de liberté, d'égalité !

N'importe qu'il ne possède aucun bien actuel,
aucun droit futur !

N'importe qu'il ne compte dans l'État, qu'à titre
de bête de somme !

N'importe qu'il ne tienne au pays, qu'à défaut
de moyens de transport !

N'importe qu'il ne lui revienne pour tout lot
civique, que des charges, des sévices !

N'importe qu'il ne vive aujourd'hui que par chance, et demain qu'en espérance !

N'importe qu'il ne se repose point en sa vieillesse sur un asile, à son décès sur une bière !

Marche à la mort de même !

Car les droits et les biens, pour qui en a ; car l'État et le pays, pour qui en est ; car le repos, le bonheur, le plaisir, où ils sont, ne laissent pas que d'être en péril flagrant.

Marche à la mort, d'autant plus !

Puisqu'à bien dire, il est à tout instant en suspens entre la vie et la mort ; et sent à peine s'il vit, ne sent guère s'il meurt.

Mais, c'est au plus haut degré, chose hideuse, odieuse ; qui pourtant passa d'emblée au temps de l'extase, et passe à l'insu en ces jours d'atonie.

Tel est l'effet pareil de ces crises contrastantes, qu'ainsi que le morne papier, l'esprit bouillant ou glacé, boit le chiffre assassin.

Chiffre vraiment assassin, qui, depuis quarante ans, porte la consommation des vies humaines à plusieurs millions, et dépasse la consommation de plusieurs siècles : sans qu'après une telle boucherie, nul n'ose en apprécier, en rapprocher les résultats.

Chiffre assassin à *priori*, dont chaque victime est déléguée d'avance, est dévouée au préalable : car, au moyen des exemptions d'état, et de taille, et de santé, et de famille, et d'intrigue, généralement, le conscrit est prédestiné à l'heure de sa naissance, et vient au jour, marqué du signe de la fatalité.

Certes personne ne prétend que ce soit là de la liberté absolue. Mais tout le monde sous-entend que c'est de l'égalité relative : se disant le plus niaisement qu'il se puisse, que la loi prescrit le tirage au sort; sans s'apercevoir que le jeu du sort est confiné entre deux nombres presque égaux, celui des hommes à choisir, celui des hommes à fournir.

Et il n'entre pas dans la pensée, que cette levée de sang venant en épargne d'une levée d'argent, il serait plus juste d'agir à la façon des temps passés, de contracter pour le service à prix défendu :

Et cela n'arrive pas à l'ame, que ravissant ainsi par violence, au lieu de l'acquérir à l'amiable, toujours le repos et le bonheur, souvent même le maintien de certaines existences; il y aurait du moins à compenser les rigueurs, à tempérer les douleurs, en faisant que le conscrit le plus répugnant à s'enrôler, n'eût pas trop à se plaindre du traitement.

Loin de là, la paie ne varie depuis des siècles; et la nourriture est maigre, la boisson est refusée; et ni les services ni les blessures ne sont reconnus en juste mesure; et, par dessus tout, la famille dénuée, délaissée, n'a aucune part aux secours, pas même à la pitié.

Il y a plus, il y a pis, s'il se peut.

L'infatuation de la caste, en laquelle s'est incarné l'État, s'exalte à ce point, que le droit lui semble inféodé à sa volonté, que la loi lui semble dévolue à ses intérêts.

Il n'y a que le premier pas qui coûte. On vient de saisir cette jeunesse censée libre, et d'en construire une armée pour sa propre défense.

Il faut du jeu à l'idée : il faut aux tenans du pouvoir, des actes qui ravivent la conscience de leur force, qui rappellent aux jouissances leur orgueil déja blâsé.

On va donc rompre ces rangs enchaînés, mettre bas ces habits parés, et retourner le soldat en manœuvre, transformer l'officier en piqueur.

En ne payant que moitié prix, en entassant les bras sur le même point, le calcul démontre qu'il y a gain et de frais et de temps.

Tellement, que les mêmes qui ont à subir la première charge, ont en conséquence, à subir une seconde charge ; et que les autres qui d'abord sont libérés de plein droit, sont de plus gratifiés par le fait.

On se fait Romain ; sinon en fait de sacrifices, du moins en fait de bénéfices.

On se fait Romain ; du temps de l'empire, et non pas du temps de la république.

Cependant, l'invention d'une levée forcée d'hommes, fixée au taux de cent pour cent sur le nombre des disponibles et calquée sur le vieux mode de recrutement des despotismes d'Asie et de Russie, porte un caractère, amène un résultat tout-à-fait pareils à ceux de l'invention du crédit forcé, au moyen de l'amortissement.

Bien que les matières à saisir soient différentes de nature, étant composées et de corps vivans et d'écus morts; de même l'approvisionnement s'opère à volonté, et sans réserve, sans mesure; d'abord satisfaisant les besoins réels, puis se prêtant aux plus vains caprices.

Il semble d'une source inexhaustible, qui se remplit aussitôt ou même plus vîte qu'on n'y puise : et vraiment, cette source jette ses produits, abondamment, éternellement; toutefois jusqu'à l'époque de plus en plus hâtée, où d'un bord advient la faillite, où de l'autre survient la révolte.

Or, l'idée ne se choque pas trop du mot de la faillite, ayant des souvenirs instructifs, des pressentimens instinctifs.

Et l'idée s'irrite devant le mot de la révolte; non sans avoir aussi des exemples frappans, des présages sensibles.

On ne veut pas croire : ainsi qu'il s'ensuit toujours de l'état de mécréance, portant l'usage jusqu'au point de l'abus, et poussant au terme où l'abus tue l'usage.

Pourtant, à quoi donc tiennent en ces temps de dissolution morale, les fils de la discipline militaire !

Qu'on voie l'armée emprisonnée dans l'île de Léon, en la vaine attente de la conquête de l'Amérique, s'insurger et insurger le pays.

Qu'on voie à la suite, les soldats de Portugal, de Naples, de Piémont, dicter aussi aux princes, leur abdication de rang ou d'honneur.

Qu'on voie en France même, la débandade de l'armée en sa retraite derrière la Loire ; et le réengagement à raison de cinq pour cent au plus ; et la reconnaissance unanime de ce principe, qu'abstraction ou omission faite de l'être régnant, *l'armée est et n'est qu'à l'Etat.*

Il faut le dire, coûte que coûte et qu'il plaise ou déplaise. Les troupes jadis liées par le serment, ne sont plus que des bandes, à la façon de celles du moyen âge ; sauf toutefois cette différence plus noble que préservatrice, qu'alors l'argent, qu'à présent l'honneur les attache au drapeau.

Seulement il reste à savoir ce que c'est que l'honneur : et comment il a été, comment il est, comment il sera entendu.

Revenons au présent, qu'enfanta le passé, qui enfante l'avenir.

Voilà que la *chair à canon* est amassée, entassée ; et que la pièce est chargée au comble ; et que la mèche est allumée à portée.

Qui mettra le feu ?

Non pas l'héroïsme ! sauf qu'il n'y ait à voler au secours d'un peuple ami, courbé sous la chaîne, traîné au désert, écrasé de charges, frappé en sa famille, en sa fortune, en son culte.

Non pas le patriotisme : sauf qu'il n'y ait à garantir le sol prêt d'être envahi, à expulser l'ennemi du pays, à défendre à charge de revanche, les états limithrophes.

Qui mettra le feu ?

L'égoïsme ! l'égoïsme le plus plat et le plus vil, le plus lâche et le plus traître, l'égoïsme du ministère, en un mot.

Car dans le gouvernement représentatif dont il est ici question, à moins que quelque génie n'en laisse que la forme, que l'ombre ; tout est fait par et se fait pour le ministère, soit qu'il asservisse la chambre au prince, ou qu'il commande au prince par la chambre.

Qui mettra le feu ? qui lancera aux hasards et dévouera à la mort, tant de vies du pays, tant de vies de l'étranger ?

Le ministère !... ou pour s'acquérir du crédit, ou pour se couvrir contre les périls, ou pour s'étourdir sur la peur ; toujours pour se maintenir en place.

Rien ne lui fait, ni sang et deuil, ni souffrance

et misère, ni colère et haine, ni même risque aussitôt et chute bientôt.

Il faut bien que je vive : c'est sa devise.

De-là, en acquit devers la ligue royaliste, campagne d'Espagne ; décidée à contre-cœur, entamée à contre-temps, achevée par miracle, terminée sans résultat.

Puis, en avance vis-à-vis le parti libéral, campagne de Morée, conçue dans le cabinet, conclue sur le papier, dépourvue de gloire et de lucre.

Enfin, à des titres pareils, siéges d'Ancône et d'Anvers, l'un au prix d'un pétard, l'autre à grands frais d'or et de sang.

Or ministères, tels que vous étiez et tels que vous êtes ; en tout cela, ou vous ne fîtes que votre affaire tant bien que mal, ou vous fîtes au plus mal notre affaire.

Passons. Laissons les entreprises du Portugal déja et de l'Espagne peut-être : où au lieu de guerre ouverte, c'est ruse contre ruse, mode moins coûteux, comme plus honteux :

D'où il n'y a à revenir en dernière analyse, que les chances de plus en plus menaçantes ; soit de faire éclore au foyer réchauffé des révolutions, quelque république de France ; soit de faire se regimber enfin, ces pauvres rois, jusque-là retenus par la peur, à présent acculés au pied du mur, au bord de l'abîme.

Passons. Alger appelle.

Autocrate bénin, tenez votre conscience en paix, chassez le trouble de votre ame ; et disposez de la Pologne, à votre bon plaisir.

Point de craintes : la France a mieux à faire.

Il lui faut plutôt dévorer par an, sans porter en compte les écus, cinq mille de ses nobles fils, vingt mille et plus de ses valeureux ennemis.

Quel sot, quel niais rôle ce serait pour elle, de laisser à leurs destinées ; l'Allemagne, dont la tutèle ne lui fut pas donnée ; l'Italie, où toute révolution serait exterminatrice ; l'Espagne et le Portugal, où la liberté ne pénètre qu'à la pointe des baïonnettes étrangères.

Et en échange, en balance, de requérir, de conquérir la restauration de la vaillante et pieuse Pologne ; après qu'elle a causé tous ses désastres, alors qu'elle y trouverait tant de garanties (1).

O France, n'avance pas ton oreille au sein de l'Europe, ne plonge pas ton œil aux pages de l'histoire.

De même, l'Europe, l'histoire t'atteignent au front, te marquent en traits indélébiles, de ces deux stygmates sanglans.

Afrique, Pologne : l'une mise à feu et à sang, l'autre dévouée au martyre.

---

(1) Notre gouvernement s'est fort bien conduit quant aux affaires d'Italie : nous voudrions en pouvoir dire autant de la conduite du gouvernement français, qui, soit en Italie, soit en Pologne, est grandement responsable d'avoir excité l'espoir des peuples, pour les abandonner ensuite. (*Morning chronicle* : 17 août 1833.)

Extraits de lettres aux ministres : 1830.

« Et on prétendrait nous marchander les lauriers de la
« monarchie ! Le drapeau tricolore avait-il seul le droit
« de prodiguer l'or et le sang de la France ? » (*Quoti-*
dienne, 12 février 1830.)

Qui donc pense à pousser la légitimité sur les voies de
l'usurpation ? Celle-ci, contrainte à se jeter à travers tous
les hasards, privée qu'elle était d'un point d'appui dans le
temps et sur le sol ; celle-là, réduite à mendier les faveurs
douteuses de la victoire comme par procuration, et vouée
à pleurer sur ses triomphes, à succomber sous ses revers.

Eh ! le drapeau blanc n'a pas le droit de prodiguer l'or
et le sang de la France, pas plus que ne l'avait le drapeau tricolore : encore c'était pour l'un, un besoin de
les verser à flots redoublés, comme c'est pour l'autre, un
devoir de les ménager avec le plus grand scrupule.

Dans cette guerre déclarée sans aucun motif plausible,
l'opinion ne verra qu'une tentative pour éblouir le parti
ennemi, pour s'étourdir sur de noirs pressentimens, pour
obtenir la sauve-garde de quelque délai.

Telle est la vérité, si rude, si dure, qu'il n'est peut-
être qu'un homme disposé à la dire, et qu'ainsi il est un
homme obligé de la dire.

. . . .

L'affaire d'Alger est ressuscitée de la nuit de l'oubli,
est remise en lumière.

Triste affaire, où la plus grossière insulte, n'a été payée
que d'un coup d'éventail, au lieu qu'elle était de nature
à faire jeter l'insolent par les fenêtres ; où cette influence
calamiteuse des journaux, qui, dans tous les sens, tend
à perdre la France, a seule empêché le ministère d'alors
de contraindre le coupable à faire des excuses.

Triste affaire, où le dey se tient pour attaqué en son honneur, soit par l'affront que lui fit le consul, soit par les vengeances que la France exerce contre lui ; et, suivant la loi, la coutume musulmane, verra périr d'un œil sec, et sa ville, et son trône, et sa personne même, plutôt que de fléchir.

Triste affaire, où, bien qu'on n'y songe pas, les destinées du cabinet, et de la monarchie, et de la société chrétienne, vont être remises à la discrétion du sort, trop souvent malencontreux, sur ces mêmes plages de barbarie, où périt le saint roi.

. . . .

Non, sauf que la dignité de la couronne, sauf que la sécurité du pays ne commandent, vous n'avez pas le droit d'envoyer à la mort, un nombre plus grand qu'on ne pense, de ces malheureux enlevés à leurs familles, enchaînés dans les rangs.

Non : et l'humanité, la religion vous crient que ces vies si précieuses aux fins de l'Éternel qui les créa, n'ont point été mises à la disposition d'un caprice.

Non : et vous ne le voulez pas vous-mêmes ; c'est-à-dire vous ne le voudriez pas, d'une pensée qui, pour fournir de justes notions à la volonté, se serait transportée sur les champs de bataille, parmi les travaux du siége, se serait élancée à travers l'avenir, jusqu'au jour de la rentrée des troupes.

Qu'on règle le bilan de l'expédition de Morée : tant de morts, tant de blessés, tant de perclus ; et qu'on demande aux ordonnateurs : Aviez-vous dressé le compte d'avance ? auriez-vous opéré à un tel prix ?

Imp. D'A. PIHAN DE LA FOREST, rue des Noyers, n. 37.